Eric Carle

Nur ein kleines
Samenkorn

Ins Deutsche gebracht von Tilde Michels

Deutscher Taschenbuch Verlag

Es ist Herbst.
Ein stürmischer Wind fegt die Samenkörner
einer großen roten Blume durch die Luft.
Weit bläst der Wind sie über das Land.
Aber da ist ein Samenkorn,
das kleiner und zarter ist als die andern.
Was wird aus ihm? Und wohin fliegen sie alle?

Eins der Samenkörner läßt sich bis über die Wolken
tragen. Es fliegt ganz allein weit hinauf,
hoch und immer höher hinauf zur Sonne.
Die andern segeln weiter.
Das kleine Samenkorn segelt hinterher.

Sie wirbeln über hohe Berge. Da fällt eins
auf einen eiskalten, schneebedeckten Gipfel.
Hier kann es nicht wachsen und keine Wurzeln
schlagen. Es bleibt liegen und erfriert.
Die übrigen trägt der Wind mit sich fort.

Als sie über das große Meer fliegen,
fällt eins ins Wasser und geht unter.
Auch das kleine Samenkorn ist schon
dicht über den Wellen.
Im letzten Augenblick packt es der Wind
und bläst es wieder hoch in die Luft.

Weiter und weiter fliegen die Samenkörner.
Unter ihnen liegt die Wüste in der Sonnenglut.
Eins fällt auf den heißen trockenen Sand
und verdorrt. Das kleine Samenkorn ist müde
und wäre auch beinahe in die Wüste gefallen.
Aber der Wind trägt es wieder zu den andern
und pustet alle vor sich her.

Endlich hört der Wind zu blasen auf.
Die Samenkörner fallen sacht zur Erde.
Da hüpft ein großer Vogel über die Wiese
und pickt ein Korn auf. Das kleine Samenkorn
liegt versteckt zwischen den Grashalmen.
Es ist so winzig, daß der Vogel
es nicht entdeckt.

Und dann kommt der Winter.
Nach ihrer langen Reise betten sich die Samenkörner
in die Erde und halten Winterschlaf.
Schneeflocken fallen und decken alles zu
wie mit einem weichen weißen Fell.

In ihrem Erdloch sitzt eine hungrige Maus.
Die frißt eins der Samenkörner auf.
Aber nur eins, die andern findet sie nicht.

Viele Monate liegen die Samenkörner in der Erde.
Bis der Frühling kommt.
Die Sonne scheint warm, Regen fällt,
und in den Samenkörnern wird es lebendig.
Sie werden rund und dick,
und eines Tages platzen sie auf.
Kleine Keime wachsen aus ihnen heraus.
Sie breiten feine Wurzeln in der Erde aus
und schieben Stengel und Blätter ans Licht.
Neben der ersten jungen Pflanze
hat sich ein fettes Kraut breitgemacht.
Das nimmt ihr die Sonne und den Regen weg.
Da kann sie nicht weiterwachsen und verwelkt.
Das kleine Samenkorn hat länger gebraucht
als die andern. Aber nun ist es soweit:
Es hat Wurzeln geschlagen
und beginnt, Blätter zu entfalten.

Jetzt sind nur noch drei der Pflanzen übrig.
Werden sie bald Blüten haben?
Da kommt ein Kind über die Wiese gerannt.
Mit nackten Füßen hüpft es herum
und merkt nicht, daß es eine Pflanze umknickt.
Nun kann aus ihr keine Blume mehr werden.

Das Pflänzchen, das aus dem kleinen Samenkorn
gewachsen ist, wird langsam größer.
Aber es hat noch keine Blüte.
Die Blume neben ihm ist schon rot und schön.

Doch da – da beugt sich jemand herab.
Eine Hand greift nach ihr und pflückt sie ab.

Der Junge hat die Blume für seine Freundin gepflückt,
und er sagt zu ihr: »Ich hab dich lieb.«

Der Sommer zieht ins Land.
Nur noch die Pflanze aus dem kleinsten Samenkorn
ist von allen übriggeblieben.
Sie wächst und wächst.
Die Sonne gibt ihr Licht, der Regen gibt ihr Wasser,
und sie hört nicht auf zu wachsen.
Sie wird größer als die Menschen,
größer als die Bäume, größer als die Häuser.
Und sie bekommt eine leuchtend rote Blüte.
Von weither kommen die Leute, um sie anzuschauen,
und alle wundern sich.
Wo hat es jemals eine so riesengroße Blume gegeben?

Der Sommer ist lang, und die rote Blume
blüht für alle: für die Menschen, für die Vögel,
für die Bienen und für die Schmetterlinge.

Dann wird es wieder Herbst.
Bunte Blätter wirbeln durch die Luft.
Der Wind rüttelt an Bäumen und Sträuchern
und auch an der großen roten Blume.

Er bläst so heftig, daß die rote Blume
alle Blätter verliert.
Aber der Wind hat noch nicht genug.
Er schüttelt ihren Blütenkopf,
bis die Samenkörner locker werden und herausfliegen.
Dann jagt der Wind weiter.
Die Samenkörner bläst er vor sich her.
Sie segeln weit über das Land.

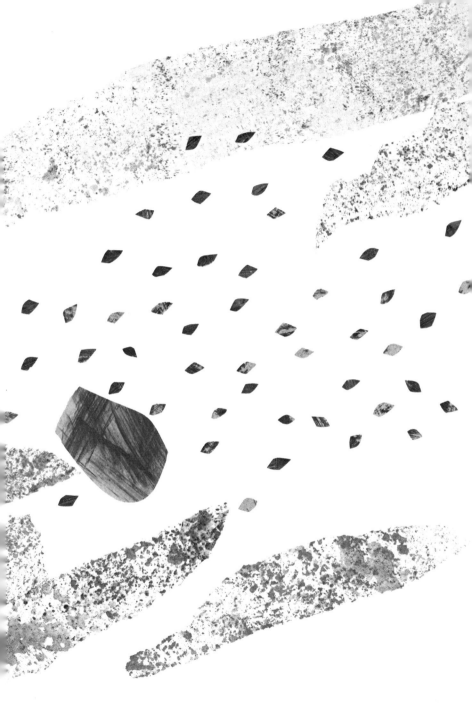

Titel der amerikanischen Originalausgabe: ›The Tiny Seed‹,
erschienen bei Thomas Y. Crowell Company, New York

Von Eric Carle sind außerdem bei dtv junior lieferbar:
Die kleine Raupe Nimmersatt, Band 7922
Der kleine Käfer Immerfrech, Band 7924
Gute Reise, bunter Hahn!, Band 7926
Wo mag nur meine Katze sein?, Band 7935

Deutsche Erstausgabe
Juni 1984
Deutscher Taschenbuch Verlag GmbH & Co. KG, München
© 1970 Eric Carle
Umschlaggestaltung: Celestino Piatti
Umschlagbild: Eric Carle
Gesetzt aus der Garamond 13/15'
Gesamtherstellung: Kösel, Kempten
Printed in Germany · ISBN 3-423-07947-9